S'

L b 3632.

DE LA
Réforme Electorale

PAR

LA FUSION

DES NUANCES POLITIQUES,

PAR UN ÉLECTEUR DU CALVADOS.

DE LA
RÉFORME ÉLECTORALE

PAR

LA FUSION

Des Nuances Politiques,

PAR UN ÉLECTEUR DU CALVADOS.

* * *

PARIS,

IMPRIMERIE DE VINCHON, RUE J.-J.-ROUSSEAU, N° 8.

1842.

[illegible]

DE LA
RÉFORME ÉLECTORALE

PAR

LA FUSION

Des Nuances Politiques.

⸺ ⬥ ⸺

> Il s'agit, en définitif, de savoir si
> la représentation du pays appartien-
> dra au pays ou au pouvoir.......
>
> DE LARCY.
> (Discussion des Incompatibilités.).

Après douze années d'exercice d'une constitution *démocratique*, les partis et les hommes doivent être jugés. Le pays sait aujourd'hui qui a mérité sa confiance ou son blâme....

De nouvelles élections vont lui offrir l'occasion de formuler sa sentence. Les préventions de l'esprit de

parti, si habilement entretenues qu'elles puissent être,
ne résistent pas à l'épreuve des discussions parlementaires (et c'est là le bon côté de ces dernières);
espérons donc que des débats de la législature qui
vient de finir jaillira assez de lumières pour éclairer
le corps électoral sur ses véritables intérêts.

Chaque électeur comprendra que les temps d'indifférence et d'indécision sont passés, et qu'en déposant son vote aux prochaines élections il pro-
nonce sur l'avenir du pays. Il convient donc de
chercher, par tous les moyens, à obtenir que ce
vote soit donné en toute connaissance de cause.

En France, aujourd'hui, deux grands instincts
sociaux animent les masses, le besoin de calme et
celui de nationalité. La grande erreur du pouvoir,
depuis 1830, a été presque toujours, en s'appuyant
sur l'un de méconnaître l'autre.

L'école doctrinaire, à laquelle, en sa qualité de
pouvoir dirigeant, je dois donner ici la préséance
dans la revue des différentes nuances qui divisent
l'opinion publique de notre pays, cette secte, moitié philosophique, moitié politique, appliquant la
philosophie de l'histoire aux évènemens présens,
professe pour système *que des conséquences semblables doivent inévitablement découler de causes en
apparence identiques;* ainsi, en suivant l'ordre chro-
nologique des évènemens antérieurs, la république
devait enfanter la dictature, laquelle devait, à son
tour, donner naissance à une restauration, pour
arriver enfin au grand enfantement de l'ère nouvelle, *un changement de dynastie.* Et comme après
la création d'un pouvoir analogue dans un pays voi-

sin, la corruption politique s'établit pendant une longue suite d'années, il s'ensuit, par une déduction naturelle, que c'est à ce régime que l'on nous condamne. Mais il existe, en Angleterre, une aristocratie ayant poussé de profondes racines dans le sol, dont l'influence s'appuyant sur un sentiment inné de nationalité, sauve le pays au jour des grandes crises....

Que l'on me fasse voir quelque chose de semblable ou d'équivalent dans notre organisation sociale, et trop heureux de m'abandonner au charme de sa puissante parole, sur ces articles de foi, je me hâterai de croire et d'espérer en l'honorable *M. Guizot.* Mais, tant que cette condition de sécurité ne m'aura point été fournie, il me permettra de lui dire, quand il viendra demander un nouveau mandat au département dans lequel j'ai l'honneur de voter : La corruption ne nous inspire aucune confiance ; s'il lui a été donné, dans l'ordre physique, de fertiliser la terre, dans l'ordre moral et politique elle avilit les hommes et finit par détruire les états....

Je ne puis résister au désir de citer les paroles prononcées par l'honorable M. de Tocqueville, député de Valogne, sur ce sujet, dans la discussion de l'adresse :

« Je vous demande s'il n'est pas vrai que le pays » légal tend à regarder les places comme la consé- » quence la plus désirable des fonctions politiques » auxquelles ceux qui le composent sont appelés ?

» Il en résulte qu'à la place des opinions, qui sont » une assiette solide pour une action, pour un gou-

» vernement, il ne se rencontre qu'une collection
» d'intérêts particuliers, qui ne peuvent donner
» d'assiette à personne, une mobilité perpétuelle
» qui amènera l'anarchie et la ruine. Voilà la cause
» du mal, cause véritable et toujours croissante.

» Je dis que ce que nous voyons en France de
» notre temps ne s'est jamais vu nulle part; nulle
» part le nombre des fonctions publiques n'est aussi
» grand; nulle part le besoin de changer d'état, la
» mobilité des fortunes, en excitant autant les ci-
» toyens, ne prépare autant la nation à devenir
» une troupe de solliciteurs....

» En effet, le nombre des fonctions publiques
» est limité; celui des aspirans est illimité, et four-
» nit un élément aux révolutions. En substituant
» les intérêts particuliers aux intérêts généraux,
» vous détruisez les partis; or, pensez-vous qu'un
» pays puisse vivre sans partis et dans l'indifférence
» universelle? Non; et si cela était, il n'y aurait
» pas plus de gouvernement que d'opposition. Il
» n'y a jamais eu de grandes sociétés sans mœurs,
» et le gouvernement qui sème le vice recueille tôt
» ou tard les révolutions. »

Que pourrais-je dire après ce chaleureux avertis-
sement? Je ne ferai point au sens droit des électeurs
l'injure d'ajouter les longs développemens que je
pourrais donner ici au style si énergique et si concis
à la fois de l'honorable M. de Tocqueville.

Ce que j'ai voulu signaler, c'est cette plaie gangré-
née qui ronge notre époque, et qui s'étend déjà des
mœurs que j'appellerai politiques aux mœurs sociales ou privées. Les ministères changent, les con-

stitutions se modifient, disparaissent emportées par le cours du temps........ Mais ce qui doit rester pur et intact, ce que doivent respecter les divers pouvoirs qui se succèdent, ce sont les mœurs de la nation, dépôt sacré, dont la postérité leur demandera un compte sévère........ Je sais qu'il est des époques condamnées d'avance au silence de l'histoire, que le destin a marquées d'un sceau réprobateur, et qui demeurent pour toujours ensevelies sous les débris des grandes catastrophes qui les ont précédées....... Telle a été la fin du Bas-Empire ; quelques pages de nos annales en fournissent un exemple. Aurions-nous été frappés du même arrêt ? Qu'ils craignent de s'y tromper, les doctes philosophes ! et de prendre pour la mort ce sommeil léthargique, dont les nations sortent quelquefois pour frapper de grands coups......

Parmi beaucoup de qualités incontestables, le parti doctrinaire en possède une précieuse, en un temps de révolution ; il sait prévoir les évènemens, et excelle dans l'art de rattacher le présent au passé. C'était une mission de ce genre, que ce parti était venu remplir auprès de la légitimité exilée, à l'époque que l'on a appelée *les cent jours*.......... Il s'agissait alors, comme il a essayé de le faire en 1830, de *renouer la chaîne des temps*, dont un anneau venait de se rompre.......

Le parti habile, par excellence, devait donc paraître après l'évènement de juillet, et guider les premiers pas du pouvoir naissant, dont la tâche était de revoir et corriger la Charte de 1814, *OEuvre de l'École ;* les républicains effrayaient, les légitimistes s'étaient retirés, la présence aux affaires des hommes de bascule était la conséquence naturelle de l'ordre des choses..... Ils rajeunirent leur système pour l'approprier aux circonstances ; on l'appela *juste-milieu*. Au pouvoir de création nouvelle, il fallait une cour ; force fut d'appeler la bourgeoisie à former cette cour, puisque l'ancienne se retirait sous sa tente. Ce qu'il y eut de remarquable, c'est que la bourgeoisie prit la chose au sérieux, et se mit à copier les grandes manières. Ce fut la partie comique du drame........ On comprend l'influence de la classe moyenne, au nom et au profit de laquelle le mouvement de 1830 avait été fait ; on comprendra difficilement en France la noblesse de comptoir, et ce ne sera pas elle qui, s'emparant de l'influence exercée par l'aristocratie anglaise, pourra jamais se faire la gardienne de nos institutions. Ce patriciat de contrebande qui s'est élevé sur les épaules du peuple de juillet, est doué d'une existence politique à peu près semblable à celle de ces insectes qui se logent dans la crinière du lion, et que la première secousse de sa redoutable tête rejette dans la poussière dont ils étaient sortis.

Je comprends toute l'étendue de ma témérité, je heurte deux pouvoirs régnans, l'école doctrinaire et l'aristocratie d'argent ; mais il faut dire la vérité à tous les partis, et le but que je me suis proposé ne me permet d'en flatter aucun. Il s'agit, au nom du salut de tous, d'arriver à la sincérité du système représentatif, de ne plus permettre que l'on se joue de la bonne foi des électeurs, en se faisant de leur vote un moyen de fortune. Dans l'état actuel de notre

société, avec la nouvelle constitution que le pays
s'est donnée, n'est-ce pas un grand scandale que
ces bourgs pourris inféodés à certaines familles de
l'aristocratie nouvelle?

Ce que les peuples pardonnent le moins, c'est
l'inconséquence des hommes politiques avec leurs
principes hautement professés ; on l'a trop oublié
depuis quelque temps ; il est bon de le rappeler, et
c'est un service que je m'empresse de rendre aux
puissances du jour sans autre intérêt que celui du
bien public.........

Après avoir fait entendre le langage de la vérité
aux *vainqueurs*, je parlerai avec une égale franchise
à ceux que l'on est convenu d'appeler les *vaincus*.

J'ai la certitude d'être agréable à mes lecteurs en
employant pour leur présenter les deux nuances
extrêmes de l'opposition dans la Chambre, les cou-
leurs brillantes avec lesquelles les a peintes un écri-
vain célèbre, membre lui-même de cette Chambre.
Voici comment s'exprimait, dans la discussion de
l'adjonction des capacités, l'honorable M. de Lamartine.

« Regardez la situation bizarre, étrange du gou-
» vernement fondé par vous, en 1830. Jamais
» gouvernement, peut-être, n'eut plus besoin de
» susciter à son aide ces caractères, ces vertus,
» cette force qui préservent les monarchies des
» grandes catastrophes. Jamais gouvernement n'eut
» plus besoin d'élargir la base, minée de toutes parts,
» sur laquelle il repose. Au dehors, que voyez-vous?
» La France est murée. Mais au dedans? Le gouver-
» nement est, je ne dirai pas menacé, mais pressé,

» mais refusé par ce qu'on appelle à tort ou à raison
» les républicains ; c'est-à-dire par une masse agi-
» tatrice, pour qui le mot république signifie seu-
» lement désordre, agitation, bouleversement, ra-
» pine peut-être. Il l'est, dans la même opinion,
» par d'autres hommes infiniment plus honorables,
» et par cela même beaucoup plus dangereux ;
» hommes de doctrines populaires, de foi politique ;
» jeunesse élevée dans les souvenirs de l'antiquité,
» et dans les illusions généreuses du temps que l'on
» appelle parmi nous la république ; en détestant
» les crimes, mais voulant en ressusciter les formes
» politiques, la souveraineté du peuple, la royauté
» multiple, et même les brillantes dictatures.

» D'un autre côté, il est refusé par une autre
» classe autrement puissante, autrement influente,
» propriétaire établie au sommet du pays. Je parle
» de cette classe d'hommes que tant de révolutions
» successives ont renversés de leurs positions, mais
» jamais de leur foi ni de leurs espérances ; hommes
» qui s'étaient liés au gouvernement de la restau-
» ration par les nobles dévoûmens, par le malheur
» même, et qui restent attachés à ses souvenirs par
» une persévérante affection, que nous pouvons dé-
» plorer sous le rapport social, mais que nous ne
» pouvons qu'honorer, quand la fidélité au malheur
» d'une dynastie ne coûte rien aux sentimens pa-
» triotiques. Eh bien, vous le voyez, cette classe,
» autrefois patricienne, aujourd'hui encore conser-
» vant le patriciat par la fortune territoriale et une
» juste part de crédit et d'estime, cette classe pres-
» qu'entière, ne refuse pas son concours au pays ;

» mais refuse l'adhésion au gouvernement qui a
» remplacé le sien. »

Le parti légitimiste, que nous eussions été étonnés d'entendre appeler au sein de la Chambre même du nom impropre de *carliste*, si nous ne savions que, selon les idées doctrinaires, il faut que le jacobisme ait aussi sa copie dans le drame de nos révolutions, afin que le système puisse pousser jusqu'au bout son rapprochement philosophique ; ce parti qu'on a très peu vu sur la scène politique depuis 1830, quoiqu'on en ait beaucoup parlé, offre deux nuances dictinctes, les représentans du passé et les hommes d'actualité, d'avenir, peut-être........ Des premiers, que l'on peut considérer comme le sacerdoce de la royauté, dont ils font une religion, un petit nombre a survécu à nos discordes civiles qui les ont décimés ; ceux qui restent tombent, chaque jour, sur les marches de l'autel, où ils cherchent à ranimer une étincelle du feu sacré, et vont s'endormir paisiblement dans le sein du Dieu de saint Louis ; galerie historique devant laquelle il faut s'incliner en invoquant ses mânes vénérables pour le salut de la France.

Derrière ces hommes d'un temps qui n'est plus, une génération s'est élevée dans les idées constitutionnelles ; elle a pris part à la gloire de nos armes, elle est venue siéger dans nos tribunaux, elle a été initiée aux secrets de notre diplomatie, elle sait l'administration du pays et celle de ses finances ; par elle-même et par ses alliances, elle paie une part notable de l'impôt territorial ; à elle donc appartient une part notable de la représentation nationale et de l'action politique. Les hommes qui composent cette génération, jeunes encore pour la plupart lorsqu'éclatèrent les événemens de 1830, subirent alors les conséquences qu'entraîne après elle toute réaction politique; on les repoussait; ils s'exilèrent, non plus à l'étranger, mais au fond de leurs domaines; émigration moins sérieuse que la première, mais qui deviendrait coupable, il faut bien le dire, si elle se prolongeait. Le scrupule et la dignité ont fait leur temps; le moment est arrivé pour les représentans de l'ancienne aristocratie, qu'ils sachent le comprendre, de se rallier........ non pas à tel ou tel système, non pas à la question d'hier, ou à celle d'aujourd'hui; mais à la nationalité française, appelant au jour du danger des camps opposés les enfans de la même patrie........

Que l'aristocratie nouvelle, qui s'est installée sans bruit à la place de l'ancienne, ne s'effraie pas de voir reparaître des titulaires de bon aloi. Seule, elle ne peut rien; alliée à ce qui reste de noblesse ancienne, elle pourrait peut-être former quelque chose qui ressemblât à une aristocratie (si tant est qu'une aristocratie soit possible en France aujourd'hui). Enfin, pour ne pas discuter sur les mots, lorsque l'état des choses est si grave, de l'association des hautes positions de naissance et de fortune sortira peut-être ce parti conservateur-national, indispensable pour contenir le parti trop progressif, lequel pèse moins, mais s'agite davantage, et pourrait par les oscillations qu'il imprime à la balance, la faire pencher de son côté pendant un moment; ce moment serait trop peut-être !........

Je dois compter sur l'adhésion de la doctrine à cette partie de mon plan de fusion ; car je suis complètement dans son système. Elle reconnaîtra que si l'aristocratie anglaise se recrute journellement des notabilités de la finance, du talent et de l'industrie, sa souche est d'origine antique, et c'est par là qu'elle résiste.

Si je suis parvenu à démontrer la possibilité aussi bien que la nécessité d'une réunion de tous les élémens d'ordre, en un parti national-tory, ou conservateur, comme on voudra l'appeler, peu importe le nom, je croirai avoir rempli plus de la moitié de la tâche que je me suis imposée.

Il ne me restera plus, après avoir tracé le précepte, qu'à indiquer les moyens d'exécution. Pour arriver à ce but, j'aurai à examiner la physionomie des élections depuis 1830. Je vais donc faire en sorte de la présenter de manière à la rendre saisissable pour l'électeur le moins versé dans les matières politiques.

Il est un fait bien avéré, c'est que dans la plupart des collèges électoraux, un certain nombre des électeurs variant du tiers au quart, ne prend point part aux élections : les uns par indifférence, les autres par un scrupule honorable que j'ai partagé, mais contre lequel je m'élève, aujourd'hui que l'expérience m'en a démontré les conséquences funestes.

Si ces électeurs absens étaient les moins éclairés, les moins influens, le mal existerait déjà ; il serait moindre toutefois. Mais si c'est le contraire qui arrive, il s'ensuivra que sur les deux tiers qui voteront, une partie exercera sur l'autre une influence de position et de lumière; influence qui peut déterminer l'élection en faveur d'une majorité despotique ou anarchique. Et déjà, dans beaucoup de localités, ne voyons-nous pas *un Grand Électeur*, ici avocat ou avoué, là notaire ou percepteur, disposer d'un nombre de voix suffisant pour donner la majorité à qui bon lui semble?..... Eh bien, il faut le dire, un pareil état de choses est un vice radical qui ne tend à rien moins, s'il se prolonge, qu'à fausser le système représentatif dans notre pays, et à prouver que nous sommes encore loin de le comprendre..........

L'on m'opposera peut-être le scandale des élections anglaises, dans lesquelles la corruption s'exerce à découvert, où, de plus, on se bat pour le candidat de son choix, où l'élection est un véritable champ de bataille, avec sa stratégie et son action, où enfin les partis s'attaquent par les voies diplomatiques, avant d'en venir aux mains ; mais le pouvoir reste en dehors de toutes ces manœuvres. Les coups de poing de *John Bull* sont d'ailleurs une manifestation du caractère national, et doivent moins effrayer sur l'avenir d'un pays que l'indifférence de *Jacques Bonhomme* donnant sa voix au représentant qu'il ne connaît pas, lequel, le plus souvent, est lui-même complètement étranger à l'arrondissement qui le nomme....... C'est contre un pareil vice que tous les électeurs amis sincères d'une véritable représentation nationale, doivent s'unir ; c'est à eux qu'il appartient de s'armer du fer chaud, pour cautériser la plaie faite au corps électoral par la dent vénimeuse de la corruption administrative......

Avant d'entrer dans l'analyse des moyens curatifs qui peuvent être appliqués avec succès, il me reste à assigner au parti républicain la place qui lui appartient dans cette statistique des factions politiques de notre époque. Suivant la définition adoptée par l'honorable M. de Lamartine, je distinguerai dans cette opinion deux nuances tranchées ; le progrès et le mouvement ; l'un qui marche à l'aide de la raison vers l'amélioration des choses, voulant appliquer ses principes à l'administration de l'état, portant la lumière au sein des masses, au risque de leur rendre plus sensible le positif des misères humaines.... Cette nuance, seule, paraît avoir quelqu'avenir politique ; c'est à elle que doivent se rallier les partisans de la *nationalité progressive* sagement entendue. Pour l'autre fraction, que nous appellerons *agitative*, qui s'agite, par cela seul que le principe du mouvement est en elle, et qui semble avoir reçu pour mot d'ordre, ces mots : *marche, marche toujours !*..... son rôle est de rêver des théories inapplicables, lesquelles, pour être plus effrayantes, n'en doivent pas moins être rangées dans la catégorie des *galeries historiques.*

La situation respective des partis étant établie, il sera plus facile de dresser le plan des opérations par lesquelles on peut arriver à cette fusion si instamment réclamée par l'intérêt national.

Chaque époque a son instinct qui lui est propre, et auquel elle obéit par la force des choses, souvent à son insu, quelquefois même malgré elle. La science de l'homme d'état consiste à s'emparer de cet instinct pour en faire le levier de sa politique.

Les hommes qui ont dirigé nos affaires, à quelques intervalles près, depuis 1830, étaient trop habiles pour méconnaître cette notion première de la politique gouvernementale. Ils ont compris qu'après un demi-siècle d'agitation et de guerre, le besoin de repos devait être le sentiment dominant de l'époque; la prospérité, résultat des quinze années de paix de la restauration, était là, d'ailleurs, comme expression matérielle de cette idée..... L'accès de fièvre de Juillet fut donc considéré comme une de ces crises déterminées par la surabondance de forces vitales, et l'on mit la nation aux *calmans*. Il n'appartient à personne de dire que l'on eût suivi un autre système avec succès. Le gouvernement d'alors adopta la politique la plus sage, pour l'époque; il avait de grandes difficultés à vaincre; sans entrer dans l'examen des moyens, sachons lui gré du résultat; il a maintenu l'ordre au milieu des partis agités........

Mais il est dans la destinée de l'homme de trouver le mal dans le bien même, et d'un principe salutaire on arrive souvent à des conséquences funestes en voulant le pousser à l'extrême. Ne serait-ce pas l'erreur dans laquelle serait tombé le cabinet actuel?

Sans prétendre suspecter la bonne foi de qui que ce soit, je le demande en toute franchise aux membres de ce cabinet, ces craintes entretenues au sein de la nation, au nom des partis dont l'un n'existe plus qu'à l'état d'*opposition négative*, et l'autre semble chaque jour se ployer davantage aux habitudes parlementaires; ces craintes sont-elles d'une politique loyale et dignes d'une grande nation?..... Ne vaudrait-il pas mieux procéder par *conciliation*, que par corruption d'un côté et intimidation de l'autre? politique qui nous rapproche du Directoire; notre époque me paraît mériter mieux. Avec les places et les faveurs accordées à la *phalange dévouée*, d'un côté, et les noms de *carliste* et de *républicain* jetés à l'opposition, de l'autre, le ministère, il faut bien le dire, a fait dans la session qui vient de finir, une croisade contre les libertés de parler et d'écrire. Et puisqu'il veut se présenter devant les électeurs dans un pareil moment, ce moment nous semble opportun pour éclairer le corps électoral sur ses devoirs, sur ses droits.........

Dans un ordre de choses régulier, la réforme électorale devrait être l'œuvre de la chambre, c'est de son initiative que le germe en devrait sortir. Mais si, pour arrêter les ravages d'une contagion, l'on réunit une commission médicale, et qu'au sein de cette commission on laisse s'introduire des membres atteints, eux-mêmes, des principes contagieux, il n'est pas douteux qu'au lieu de guérir le mal ils en aggraveront les effets. C'est ce qui a lieu dans la Chambre, avec les députés fonctionnaires; état de choses dont le vice, reconnu depuis longtemps, a résisté aux attaques dont il a été le but jusqu'à ce jour, et avec lequel cependant tout régime représentatif sincère est impossible.

Je n'examinerai point ici les autres conséquences de la Constitution de 1830, qui sont repoussées par la majorité ministérielle; la presse, quelque gênée qu'elle soit par le pouvoir, en a su faire justice; mon but a été de faire comprendre aux collèges électoraux que cette réforme, qui leur a toujours été refusée, est dans leurs *propres moyens*, et qu'il dépend d'eux de l'effectuer tout naturellement dans la session prochaine. Le maintien de nos institutions et de notre honneur national va leur être confié. Espérons qu'ils comprendront l'importance du vote qu'ils vont déposer, et qu'ils sauront s'en montrer dignes. Puissent-ils être animés de cet esprit conservateur des nations qui les sauve par elles-mêmes alors que les gouvernemens leur manquent.

Le pouvoir se trouve aujourd'hui, à quelques dissemblances de temps près, placé dans la position du ministère Villèle, à l'époque où cet habile homme d'état fut obligé de résigner le pouvoir entre les mains de M. de Martignac. Les mêmes fautes ont été commises, les mêmes résultats se font sentir, et jettent l'administration dans les mêmes embarras. De plus que les ministres de la restauration, les hommes d'aujourd'hui ont contre eux l'inconséquence de leurs actes avec les principes qu'ils ont professés dans l'opposition pendant dix ans. Il ne faut point oublier qu'ils étaient aux affaires sous l'administration du duc Decaze, et qu'ils sont entrés dans l'opposition le jour où ce ministère tomba devant un crime politique.

La formation d'un cabinet d'une nuance plus modérée est donc le résultat désirable des élections prochaines. Mais, s'il devait sortir de l'urne électorale une majorité favorable à l'administration actuelle, n'y aurait-il pas lieu de craindre de voir pousser plus loin les rapprochemens que j'ai indiqués (1)?

(1) J'appellerai sur ce grave sujet les méditations de tous les électeurs de France.

Toutes les voix amies d'une véritable représentation nationale ne sauraient donc trop le répéter
jusqu'au jour de l'épreuve : l'éloignement des fonctionnaires publics de la chambre est la base première d'une saine réforme électorale ; ce résultat
obtenu, toutes les autres conséquences se présenteront d'elles-mêmes. Que les électeurs ne soient
point arrêtés par cette considération, qu'il existe
des hommes spéciaux que leur talent et leurs lumières appellent à éclairer les délibérations parlementaires ; les *spécialités* par leur propre force ar-
riveront toujours aux affaires.

La première condition à demander aux candidats, dans les élections sera : l'engagement de ne
rien accepter pour eux d'abord, ni pour leur arrondissement même, si, des *faveurs ministérielles*, il
doit résulter un engagement pour la conscience,
engagement qui pourrait tourner au détriment de
la chose publique !....

Au premier rang des incompatibilités électives,
nous rangerons aussi les dignitaires de la couronne,
ou ce qui les a remplacés, la domesticité des mai-
sons royales ou princières.

Voici donc la première condition de réforme :
point de fonctions salariées dans la représentation
nationale. Il restera ensuite à exiger des candidats
les conditions de capacité. La première doit être la
connaissance parfaite de l'arrondissement que l'on
est appelé à représenter. Il faudrait même exiger
une position et des intérêts essentiellement liés à
ceux de cet arrondissement. Et puisque l'occasion
s'en présente, je le dirai ici, c'est une grande in-

conséquence que d'aller emprunter à un département voisin, *un avocat, quelque célèbre qu'il puisse
être*, lorsque l'arrondissement lui-même offre plusieurs notabilités dont les familles identifiées au
sol, pour ainsi dire, par une longue possession, sont
une garantie morale et matérielle à la fois, que l'on
trouverait en eux de véritables représentans du
pays, mettant ses intérêts en première ligne, et
n'ayant point de fortune personnelle à faire (grave
considération par le temps qui court).

Mais si vous envoyez à la Chambre des hommes
dont l'ambition est d'autant plus grande qu'ils ont
ou se croient plus de mérite, ambition d'autant plus
excitée que leur patrimoine est moins en rapport
avec les besoins et les habitudes qu'ils ont contractés,
lesquels d'ailleurs ne sont point rappelés après
chaque législature au sein de l'arrondissement par
l'habitation domiciliaire, ou une résidence d'affaires;
alors, n'ayant plus de contact habituel avec les électeurs qui les nomment, et pouvant échapper à leur
critique *directe*, la représentation nationale court
risque de flotter au gré des majorités factices qui se
succèdent, et pour traduire les situations par les
résultats, alors arrivent *le recensement et l'abais-
sement diplomatique.*

Espérons que les électeurs guidés par le simple
bon sens sauront comprendre la situation, et que,
du scrutin qui va s'ouvrir, sortira une représentation sincère du pays, expression du présent et garantie de l'avenir. L'opinion publique a été faussée.
Avec l'épouventail des mouvemens populaires, on a
ouvert la porte aux intrigues de tous les régimes,

on a porté la corruption dans tous les degrés de la hiérarchie administrative; de l'administration elle passe dans les habitudes sociales, parce que les hommes d'honneur sont gênans partout. Je parlais tout à l'heure de la politique du Directoire, voudrait-on nous en rendre les mœurs?

Il faut que les collèges électoraux sachent bien que *leur bonne foi a été surprise;* c'est de leur vote complaisant et irréfléchi qu'est venu tout le mal. Les désastreux effets du passé seront donc là, toujours présens à leur mémoire, pour les rendre scrupuleux sur les intérêts de l'avenir; qu'ils se pénètrent bien jusqu'au jour des élections prochaines, de cette conviction qu'à d'*honnêtes gens* seuls le mandat représentatif doit être confié; parce que, dans la politique comme dans toutes les affaires de la vie, la droiture sait tirer parti des circonstances les plus difficiles; tandis que, sans elle, on ne fait rien de solide ni d'honorable. L'opinion que j'émets ici, je la transmets aux électeurs avec d'autant plus de confiance et d'espoir que je l'ai trouvée unanimement professée par la presse, jusque dans ses organes les moins répandues et les plus futiles en apparence; ce dont je donnerai la preuve, en citant ici deux passages empruntés, l'un à *l'Écho de Vésone,* l'autre au *Charivari.*

« A ceux qui nous demanderont comment il se
» fait que l'opposition légitimiste et l'opposition li-
» bérale aient pu s'entendre aussi facilement sur le
» choix d'un candidat qui ne saurait les représenter
» également l'une et l'autre, sous le point de vue
» politique, nous répondrons qu'une pensée com-

» mune et spontanée a animé les deux partis, celle
» de nommer un *honnête homme*, dépourvu d'ambi-
» tion, et qui a déjà donné à la chambre des
» preuves non équivoques d'indépendance et de
» désintéressement.

» La dépravation publique est poussée assez loin
» de nos jours; on a mis assez bas les ressorts du
» gouvernement représentatif, qui ne jouent plus
» que sur la vente et l'achat des consciences, pour
» que tous les honnêtes gens, quelle que soit d'ail-
» leurs la couleur de leur drapeau, aient pu s'en-
» tendre sur les moyens les plus sûrs de corriger le
» mal, et aient pu réduire le mandat de député aux
» bien simples, mais trop rares proportions d'une
» mission de probité. Quand on ne trouvera plus
» de députés à acheter, on trouvera des ministres
» qui apprendront à gouverner loyalement, non
» plus dans l'intérêt d'une coterie qui nous exploite,
» mais dans l'intérêt de la généralité des citoyens. »

(Echo de Vésone.)

« Soyez un homme simple, bon, franc et naïf, on
» dira de vous dans un certain monde : *C'est un*
» *honnête homme*, mais ce n'est pas un homme gou-
» vernemental.

» Soyez au contraire un homme faux, sournois,
» plein d'ambiguités et de détours, incolore, équi-
» voque, sans fermeté dans vos convictions, sans
» probité civique; une foule de badaux, qui vous
» mépriseront dans le for intérieur de leur honnête
» conscience, proclameront que vous êtes, après
» tout, un homme politique, un homme d'applica-
» tion.

» Soyons conservateurs, libéraux, juste-milieu,
» radicaux, ce que nous pourrons ; mais soyons
» d'abord, pouvoir comme opposition , opposition
» comme pouvoir, soyons *moraux ;* c'est-à-dire
» francs, droits et intègres. Sans la moralité poli-
» tique, aussi impérieuse, aussi sévère que la mora-
» lité privée, la lutte des opinions n'est pas un
» combat politique, c'est une basse intrigue. Il y a
» mille cas où l'honnêteté dans le pouvoir peut tenir
» lieu d'habileté ; il n'y en a pas un seul où l'habi-
» leté puisse tenir lieu d'honnêteté......... »

(Le Charivari.)

Le mandat électoral est devenu le but vers lequel
se tournent toutes les ambitions parce que l'on sait
qu'il conduit à tout ; l'administration en convient
elle-même. Aussi que ne ferait-on pas pour être
député ?..... Et cette influence qu'exercent indivi-
duellement les ambitions particulières, le gouvernement la *monopolise en grand ;* de là, ces avancemens
scandaleux bouleversant toutes les règles de la
hiérarchie, qui découragent le mérite, les droits
acquis, et finiront par détruire le patriotisme lui-
même.

Voici ce qu'a écrit sur la loi électorale un homme
dont le parti doctrinaire ne méconnaîtra pas l'au-
torité, M. Royer-Collard :

« Il faut bien comprendre une fois, que ce n'est
» pas à la loi électorale de dicter les élections ; mais
» que la perfection serait de n'y exercer aucune
» influence. Elle a pour fonction unique, de mani-
» fester, de publier les dispositions des peuples. Mais
» ces dispositions, quelles qu'elles soient, ne sont

» pas son ouvrage; la vérité qu'elle dit elle ne l'a
» pas faite, les fautes qu'elle révèle elle ne les a pas
» commises; elle juge le gouvernement, elle ne gou-
» verne pas. »

Que l'on rapproche ce passage, écrit par le pa-
triarche de la doctrine à une époque où elle *évan-
gélisait* encore, de ce qu'on voit aujourd'hui dans
les élections, et l'on reconnaîtra combien, après
vingt-sept années et une révolution faite pour le
conquérir, nous sommes encore loin du véritable
régime constitutionnel. La faute première, ainsi que
je l'ai déjà dit, est venue de l'influence que les différentes administrations qui se sont succédé au
pouvoir, ont toujours voulu exercer sur les élections.
Les partis se sont emparé du même moyen; la conséquence était naturelle, et l'on est arrivé à ce
que nous voyons. Dans chaque localité, un bureau
d'agence électorale existe en permanence à la sous-
préfecture; un autre centre d'opération est installé
dans le cabinet de quelque officier public ou agent
d'affaires, lequel travaille dans un sens opposé. Des
courtiers d'élections parcourent l'arrondissement,
dans tous les sens, surprenant la confiance des
électeurs, en faveur d'un candidat qu'ils ne connais-
sent pas, pour la plupart. Après beaucoup de manœuvres, que la délicatesse n'avoue pas toujours,
l'élection a lieu, et le député, si c'est le ministère qui
l'emporte, va renforcer ce centre si docile. Si au
contraire, l'opposition est sortie triomphante du scrutin, son représentant se jette dans les rangs de l'ag-
gression la plus vive. Enfin, si c'est un de ces hommes
d'un patriotisme moins ardent, qui pensent que *tous*

les systèmes ont du bon; que le tout est de s'entendre; on le voit pendant quelque temps conserver son attitude sur le banc où il est allé s'asseoir, *à une distance factieuse de l'extrémité de gauche;* mais insensiblement il ne prend plus part aux votes ostensibles, réclame le scrutin secret sur les questions délicates, et finit par se reposer de ses travaux parlementaires sur quelque siège *inamovible,* où il s'endort du sommeil du juste, et rêve *des bons électeurs* qui lui ont fait ce *repos.* Mais du *député,* il n'en est plus question que sur le tableau de la chambre.

Quant aux intérêts du pays, à ceux de l'arrondissement, et de ces *bons électeurs,* qui s'imaginent envoyer auprès du pouvoir un représentant pour faire leurs affaires?... C'est ce dont personne ne s'occupe; personne, excepté l'opposition *consciencieuse,* laquelle est encore loin de la majorité.......

Il faut espérer que l'éducation électorale, quelque difficile qu'elle ait été, touche à son terme. Se souviendront-ils enfin, ces électeurs dont on brigue le suffrage comme un avenir assuré, que si la nation qu'ils représentent s'est montrée souvent la plus *vaillante,* elle a toujours eu la prétention d'être appelée la plus *spirituelle;* et il faut bien l'avouer, rien n'a présenté ce caractère dans le rôle qu'on lui fait jouer depuis quelque temps.......

Encore, si ce que nous perdons du côté de l'amour-propre national, nous l'avions gagné en bien-être matériel! Il n'en est malheureusement point ainsi. A chaque session, les budgets augmentent, la dette publique s'accroît..... La fortune territoriale de l'État a disparu, en partie; ses ressources, diminuent. Les gens d'affaires l'ont réduite à la condition d'une maison de banque ; elle vit de crédit ; mais que demain la confiance se retire, la France se trouvera en face d'un déficit immense. Et qui la *défendra sans argent*, par le temps d'intérêts matériels où nous vivons ? Ce ne sera pas le patriotisme, car il n'existera plus........

Si notre malheur ou notre imprudence voulait qu'il en advînt un jour ainsi, qui serait appelé à combler le vide ?.... La propriété !..... Car c'est sur elle, en définitive, que retombent toutes les fautes commises par les gouvernemens........ Songez-y bien, en déposant votre vote, *propriétaires électeurs......* tandis qu'il en est temps encore !.....

L'absence d'hommes à positions faites, à convictions arrêtées, se fait sentir de plus en plus chaque jour dans la chambre ; il en résulte ce que nous voyons, un éparpillement d'opinions qui n'offre aucune base à une majorité respectable. Ce que l'on décore aujourd'hui de ce nom, est un assemblage heurté de nuances diverses, étonnées de se trouver réunies, que le ministère obtient au nom de la peur, et qu'il conserve au nom de l'*intérêt ;* mobiles qui prolongent un état de crise ; mais qui n'assurent rien pour l'avenir, et compromettent les destinées du pays qui s'y abandonne.

Pour ne nous occuper ici que du présent, examinons les effets produits par l'état de choses que je signale, sur la dernière session.

Dès le commencement, dans la discussion du paragraphe de l'adresse relatif aux négociations étrangères, des faits compromettant l'intérêt de notre commerce aussi bien que la dignité de notre pavillon, sont signalés. L'honorable duc de Valmy met le ministère au défi de prouver qu'aucune démarche ait été faite pour faire rentrer la France dans le concert européen. Cette preuve n'est pas fournie. Un sentiment de pudeur intime avertit bien la majorité qu'elle ne peut s'associer à une telle politique; mais elle semble embarrassée du blâme qu'il lui faut prononcer; et c'est par un *amendement* que ce blâme s'introduit, pour ainsi dire furtivement, dans l'adresse.......

Vint la question encore saignante du *recensement,* dans laquelle, si l'on était disposé à faire bon marché de la légalité, on pouvait au moins contester l'opportunité, et dont il était du devoir de la chambre, dans tous les cas, de réprouver la brutalité de moyens; un bill d'indemnité fut accordé au pouvoir; et la majorité devenue irascible à la voix de M. le ministre des travaux publics, souffrit à peine l'expression d'opinions qui n'étaient pas *ou qui n'étaient plus* les siennes.

Lorsque parut la question de l'adjonction des capacités, la majorité se prononça contre; mais ce même sentiment de pudeur que j'ai déjà signalé la porta à se voiler le visage pour déposer un vote anonyme. Ce scrutin secret ne révèle-t-il pas une situation fausse? C'est à l'élection de la comprendre et de la faire cesser.

Pour ce qui concerne les *incompatibilités;* c'est un terrain brûlant sur lequel je ne me placerai pas; il me suffira de rappeler qu'il s'en fallut de *quatre voix* que la proposition ne fût admise......

C'est un fait que je livre à l'appréciation des électeurs, en leur rappelant la comparaison que je me
suis permise plus haut. Ce sont de ces leçons que
le bons sens électoral ne se laissera pas donner
deux fois, ou l'Europe qui nous regarde pourrait
penser avec justice que si notre gouvernement ne
veut plus que nous soyons une nation *glorieuse*, il a
raison de nous traiter comme si nous n'étions plus
même une nation intelligente........

Cet état d'isolement des opinions, cette espèce
de défiance qui éloigne les membres de la chambre
élective les uns des autres, a été signalé à la chambre elle-même par un de ses membres ; je ne crois
donc pouvoir mieux faire que de le laisser parler.

L'honorable M. Monier de la Sizeranne, député
de la Drôme, développant un amendement présenté
à l'un des paragraphes de l'adresse, s'exprimait
ainsi :

« Vos premiers scrutins pour la formation de
» votre bureau ont révélé une situation toute nou-
» velle ; ils ont prouvé jusqu'à la dernière évidence,
» que les partis dans cette enceinte n'écoutent plus
» la voix de leurs chefs. Ce résultat, je l'ai entendu
» déplorer ; pour moi, j'aime à y trouver une es-
» pérance. Lorsque les membres d'une assemblée
» délibérante n'obéissent plus aux influences indi-
» viduelles qui agissaient sur eux, ils sont à la
» veille de se rallier sous la bannière des princi-
» pes ; et c'est là que se forme une majorité forte
» et durable. »

Puisse cette prophétie se réaliser dans la session
prochaine ! Les élémens d'une majorité conserva-

trice et nationale existent dans la chambre ; puissent-ils, triomphant des moyens employés pour les diviser, se reconnaître enfin, et s'unir par ce lien puissant qui rapproche dans tous les temps, et malgré les différences de position et de manière de voir, tous les hommes d'honneur d'un pays, l'amour du bien public !....

Quant à ces âmes ardentes, auxquelles *le bien* ne peut suffire, et qui cherchent toujours le *mieux*, une noble et vaste carrière leur restera encore dans les rangs de l'opposition, opposition toujours progressive, mais toujours aussi sincère et nationale.

Lorsque l'opinion, aujourd'hui fractionnée en tant de nuances diverses, se sera retranchée en deux camps adoptant pour programme les principes que je viens d'indiquer, la France alors, mais seulement alors, retrouvera ses alliés naturels au dehors, comme elle aura retrouvé ses appuis naturels au dedans ; alors la crainte de l'anarchie et des coalitions aura cessé d'être un moyen de gouverner.

Pour arriver à ce résultat si désirable, existe-t-il donc à vaincre de grands obstacles? Des haines anciennes, d'opiniâtres antipathies, de grands intérêts rivaux sont-ils donc placés entre les partis pour empêcher un rapprochement? Ah! si l'on pouvait voir le point souvent insaisissable qui sépare deux nuances d'opinion voisines dans le parlement, on ne pourrait s'empêcher de déplorer que les destinées d'une grande nation tiennent à si peu de chose !....

Et d'abord, examinons ce que c'est que l'opinion

publique en France, depuis 1830. Elle s'est long-temps formulée en deux noms : *Thiers* et *Guizot*. Admettons que le premier de ces honorables représentans du pays ait résumé en lui l'élément progressif, comme le second était l'expression du principe conservateur ; pourquoi les diverses nuances se rapprochant plus ou moins de ces opinions respectives dans la chambre, au lieu de rester serrées sous la bannière de chacun de ces deux hommes d'état, cherchent-elles à s'individualiser, pour ainsi dire, en se formulant sous la raison d'un autre représentant ; donnant ainsi un nom à ce qui ne devrait être qu'un *sentiment intime ?* La cause première, il faut bien le dire, est venue des deux hommes d'état dont nous avons parlé. Doués, l'un et l'autre d'un talent supérieur, ils ne sont point restés chefs de parti.

S'ils ne sont pas restés chefs de parti, c'est qu'ils n'avaient peut-être pas la conscience de leur mission ; on se concilie les suffrages passagers d'une assemblée délibérante par le talent et l'habileté ; par la croyance seule, on peut conserver des partisans et représenter toujours un parti politique.

Expression d'une époque sans croyances, les diverses combinaisons politiques qui ont essayé du pouvoir, depuis 1830, ont cherché à faire face au présent ; aucune n'a songé à l'avenir dont les intérêts occupent cependant une place notable dans la science administrative.

L'administration des affaires de l'Etat se trouve ainsi réduite à la condition du syndicat d'une faillite, dont le travail se borne à tirer parti des *débris du passé*, sans préparer les *élémens de l'avenir*. La confiance publique ne trouvant pas de garanties, de sécurité dans les noms qui lui sont présentés, en invoque d'autres, et se livre à l'habileté qui l'exploite ; de là ces majorités factices qui deviennent la proie du savoir-faire et de l'intrigue, et conduisent un état vers la décadence.

De cette impuissance des noms propres à produire un système et une situation stables, ne résulte-t-il pas un grand enseignement ? C'est qu'une politique loyale et en harmonie avec les principes est devenue aujourd'hui la seule chance de salut qui nous reste. Cette conviction intime est une des premières garanties qu'auront à demander les électeurs aux candidats qui se présenteront à leur suffrage dans le premier scrutin qui aura lieu. Lorsqu'ils se seront attachés à ne donner leurs voix qu'à des hommes pénétrés d'une opinion sincère, ils peuvent concevoir l'espérance de voir une majorité stable se dessiner dans la chambre, et le ministère obligé de marcher avec elle dans un sens patriotique.

Que cette majorité soit conservatrice ou *progressive*, elle ne devra inspirer aucune crainte pour la chose publique, puisqu'elle sera confiée à des *mains sûres*. L'on peut d'ailleurs se fier à une majorité formée d'élémens semblables, pour indiquer les modifications à apporter aux divers systèmes qui dirigeront les affaires. Le principe conservateur et le principe progressif devant être également représentés, le grand point est de savoir maintenir un équilible convenable entre eux, et de saisir le moment précis où l'un ou l'autre peut faire pencher la balance sans danger pour l'Etat.

En Angleterre, le principe whig et le principe tory l'emportent alternativement, selon que le besoin des circonstances l'exige; mais la nationalité domine toujours, et préside à toutes les combinaisons politiques. C'est que les deux opinions rivales sont représentées par des hommes dont les antécédens ont pu leur concilier la confiance des populations, et que ces mêmes populations sont imbues de principes constitutionnels qu'elles ont appris de bonne heure à considérer comme la garantie de leur liberté et de leur bien-être. Pourquoi n'en est-il point de même chez nous? C'est que le gouvernement a été le premier à fausser l'esprit des institutions. Il s'est emparé de l'élection comme un moyen de domination. Les partis en ont fait autant de leur côté pour arriver au pouvoir. Il s'en est suivi qu'en France, le gouvernement représentatif, pas plus que le reste, n'a été *pris au sérieux*. Quel respect attendre des peuples pour des institutions dont les premiers corps de l'Etat semblent se jouer?

Les deux seuls termes possibles d'une pareille situation sont le *despotisme* ou l'*anarchie*, ainsi que le définit, avec tant de justesse, un membre de la chambre des pairs, dont je crois devoir rapporter les paroles :

« Il me paraît impossible de ne pas reconnaître
» que le gouvernement se trouve engagé depuis un
» an, depuis le vote de la loi des fortifications de
» Paris, dans une voie nouvelle qui a plus de rap-

» port avec le système que l'on attribue à quelques
» hommes qu'avec les principes de la Constitution.
» Ce système, il est vrai, s'est manifesté depuis 1839
» par des tentatives diverses dont plusieurs ont
» échoué, même dans cette enceinte ; mais l'esprit
» qui les dictait paraît triompher aujourd'hui, et
» plus le cabinet est porté à se faire illusion sur le
» résultat de ce triomphe, plus je crois nécessaire
» de dire à la chambre les craintes que m'inspire
» l'aveugle confiance à laquelle les pouvoirs publics
» semblent s'abandonner.

» Par des motifs que je ne veux pas examiner,
» les oppositions parlementaires sont neutralisées,
» et les évènemens que chaque jour nous apporte
» prouvent que toutes les barrières sont surmon-
» tées, à ce point, qu'on pourrait presque dire que
» le ministère, maître de tous les obstacles, n'a
» plus de frein que dans lui-même : situation ef-
» frayante pour ceux qui ont assisté aux évènemens
» de nos cinquante dernières années et en ont mé-
» dité les causes !......

» Sans doute, l'avenir a ses secrets que je ne
» prétends pas pénétrer ; dans notre pays, si sou-
» dain, plus qu'en tout autre, une force de résis-
» tance salutaire peut se révéler tout-à-coup et
» conjurer les dangers qui m'inquiètent ; mais je
» crois remplir un devoir lorsqu'une occasion, qui
» probablement sera la dernière dans le cours de
» cette session, se présente, en déclarant que dans
» mon opinion, la marche que l'on suit, tant au
» dehors qu'à l'intérieur, ne saurait se prolonger
» indéfiniment sans soulever une réaction de sen-

» timens et d'idées dont personne ne pourrait me-
» surer la portée......

» A l'intérieur, les droits et les intérêts les plus
» sacrés sont mis en oubli.

» La censure, abolie par la Charte est indirec-
» tement rétablie par l'application faite aux impri-
» meurs d'une loi tombée en désuétude.

» La liberté de l'enseignement, consacrée par la
» Charte, est persévéramment éludée.

» Nos finances sont obérées, et les ressources
» nécessaires en cas de guerre dévorées pendant la
» paix . . . .
. . . . »

Suit l'exposé de notre situation extérieure.

(Voir au Moniteur.)

« Il ne faut pas se faire illusion, une pareille si-
» tuation à laquelle on n'entrevoit pas de terme, et
» qui a pour conséquence la souffrance de tous
» les intérêts moraux et matériels, est, pour notre
» pays, une blessure profonde. Quel que soit le
» calme apparent et la sagesse de l'opinion pu-
» blique, quelque horreur que l'on ait des troubles
» et des commotions politiques, l'on ne peut croire
» qu'un tel état de choses soit définitivement ac-
» cepté par la France, car, puissance du premier
» ordre, elle ne veut pas descendre du rang qui lui
» appartient et qu'elle a toujours tenu parmi les
» gouvernemens de l'Europe.

» C'est donc en vain qu'on voudrait se prémunir
» contre les effets de cette position pénible par des
» rigueurs envers tout ce qui peut servir à l'ex-

» pression plus ou moins pure du sentiment na-
» tional.

» Sans doute je n'approuve aucun des écarts de
» la presse ; mais son existence est nécessaire , et
» si cette existence était atteinte, j'y verrais pour
» le gouvernement lui-même de grands dangers ;
» car, ainsi que l'a dit un publiciste célèbre : *Quand*
» *l'opinion ne trouve plus à se faire jour, elle réagit*
» *dans les cœurs, elle éclate ensuite en actions dé-*
» *sordonnées que la force du pouvoir ne suffit pas à*
» *contenir.*

» Non, je ne croirai jamais que les rigueurs, que
» l'emploi de la force matérielle puissent remplacer
» dans notre pays l'assentiment des esprits, la lé-
» gitime satisfaction due à l'honneur et aux inté-
» rêts de la France et de tous les bienfaits d'une
» sage liberté. Je craindrais, au contraire , que la
» manifestation de l'opinion ne fût universelle le
» jour où il sera démontré que l'emploi des
» moyens dont je viens de parler, prévaudrait
» dans les conseils de l'Etat. C'est donc pour évi-
» ter une réaction pleine de périls qu'il m'a sem-
» blé nécessaire d'appeler votre attention sur la
» marche du ministère, et l'éclairer lui-même sur
» les illusions auxquelles il se livre.

» . . . .

» . . . .

» Un homme sincère , ami de la liberté, sous la
» bannière duquel je me suis placé au début de ma
» carrière politique, M. de Martignac, dont la mé-
» moire est justement honorée dans cette enceinte,
» s'écriait, en 1829 , avec un accent douloureux :

» Nous marchons à l'anarchie !... Je dirai, avec une
» conviction égale à la sienne, en présence de tout
» ce qui se passe sous nos yeux et des bastilles
» qui s'élèvent : prenez garde que nous ne mar-
» chions au despotisme, et par lui, à l'anarchie !

» Marquis de Dreux-Brézé. »

(Séance de la Chambre des Pairs, 2 avril 1842.)

Employant les paroles de M. de Brézé, pour transmettre à mes lecteurs les sentimens qui m'animent, j'ai compris que je devais renoncer au droit de captiver plus longtemps leur attention.

J'avais commencé cet écrit avec l'intention de suivre la marche de la session qui vient de finir. J'étais prêt à examiner les questions importantes sur lesquelles les honorables membres qui vont reparaître devant les collèges électoraux avaient été appelés à prononcer. J'attendais des votes *pour la France;* je n'en ai que deux à rapporter : celui des fonds secrets et celui du budget..... Quant à la loi sur les chemins de fer, je n'en parle que pour mémoire, car il ne m'a pas été possible de la considérer comme un vote sérieux, et ceux qui l'ont signalée comme un *moyen électoral* me paraissent lui avoir assigné son véritable caractère.

Si j'ose élever ici la voix, c'est que ma conscience me dit que je fais bien. J'ai vu le mal, j'en ai signalé les effets. Je crois avoir trouvé une chance de salut, je l'indique à mes concitoyens; mon langage ne peut leur paraître suspect, car attachés au sol par la propriété, nous avons les mêmes intérêts et nous devons être sauvés ou faire naufrage ensemble.

L'histoire parle d'une époque où les intérêts de la France furent sacrifiés à l'Angleterre. Je l'avouerai, c'est avec un sentiment de douleur profond que je viens d'entendre faire allusion à cette époque de nos annales. Repoussons de tels soupçons par ce même mouvement qui avait porté un législateur de l'antiquité à ne point admettre la possibilité du parricide.

La France, il est vrai, est dans un moment de crise et appelle à son aide tous ceux de ses enfans que le patriotisme anime encore; mais elle fut plus bas,.... et s'en est relevée.....

Lorsque dans des temps éloignés, l'on vit la bannière anglaise flotter sur les bords de la Loire, le sentiment religieux qui animait les masses, à cette époque, s'empara d'une simple bergère pour purger notre sol de la présence de notre ennemi naturel. Et ne sommes nous pas les enfans d'une époque où le génie de la gloire s'est fait homme pour relever la France, et lui faire oublier ses discordes par la conquête de l'Europe ?

Si nous ne sommes plus accessibles à cet enthousiasme patriotique qui ralliait nos pères autour de la bannière de *Jeanne-d'Arc* et des aigles de Napoléon, notre cœur bat toujours au nom magique de patrie ; nous la voulons tous grande et forte, glorieuse et prospère.

Soyons donc nationaux avant tout ; les petites passions qui nous divisent disparaîtront, les petits hommes qui les exploitent ne leur survivront pas ; que la nationalité reste debout comme un phare pour nous guider !

Fixons nos regards sur *ce fanal de sauvetage*, pendant la journée du 9 juillet, et ne désespérons pas *de la fortune de la France*.

Grangue, arrondissement de Pont-l'Évêque.

15 Juin 1842.

Marquis D'EURVILLE, de Grangue.

VINCHON, Imprimeur, rue J.-J. Rousseau, 8.